MÉTHODE DE LECTURE EN SEPT TABLEAUX, OU ALPHABET-SYLLABAIRE,

Par F.-M. V[rin],

Frère de la Doctrine Chrétienne du diocèse de Nancy,
Auteur du Guide pour l'enseignement de la Lecture, d'après Overberg,
et de la Méthode-Pratique d'Ecriture.

A MIRECOURT,
CHEZ HUMBERT, IMPRIMEUR-LIBRAIRE-ÉDITEUR.

A VÉZELISE (Meurthe),
CHEZ LES FRÈRES.

1854.

MÉTHODE
DE
LECTURE
EN SEPT TABLEAUX,
OU
ALPHABET-SYLLABAIRE,

PAR

F.-M. Vrin,

Frère de la Doctrine Chrétienne du diocèse de Nancy,
Auteur du Guide pour l'enseignement de la Lecture, d'après Overberg,
et de la Méthode-Pratique d'Ecriture.

A VÉZELISE,
(Meurthe),
CHEZ LES FRÈRES.

A MIRECOURT,
CHEZ HUMBERT,
IMPRIMEUR-LIBRAIRE-ÉDITEUR.

1854.

Nous donnons dans *le Guide pour l'Enseignement de la Lecture* la raison de notre choix pour la Méthode de nouvelle épellation, modifiée sur quelques points. Nous sommes d'avis qu'on donne aux lettres les noms suivants : **A, BE, PETIT QUE(1), DE, E, FE, GUE, ACHE (2), I, JE, KA (3), LE, ME, NE, O, PE, QUE, RE, SE, TE, VE, CSE, ZE.**

Pour les procédés intéressants qui facilitent la lecture, voir le Guide mentionné ci-dessus.

(1) Petit que, pour ne pas le confondre avec K et Q.

(2) Ache et non he, parce que ce dernier son n'est autre que celui de l'e muet, et que d'ailleurs les inconvénients de ce changement sont à peu près nuls.

(3) Ka et non Ke, afin de ne pas le confondre avec Q; comme cette lettre ne se rencontre presque jamais dans les mots français, la conservation de son ancien nom ne peut nuire en rien.

Tous les exemplaires doivent être revêtus de la griffe de l'auteur.

Ouvrages

Publiés par les Frères de la Doctrine-Chrétienne.

1° Guide pour l'Enseignement de la Lecture française, imprimée et manuscrite, et principales règles pour la lecture latine, extrait en partie du manuel d'Overberg. 1 vol. grand in-32, par F.-M. Vrin.

2° Syllabaire Alphabet, ou premier livre de lecture, par F.-M. Vrin.

3° Dialogues simples et à la portée des enfants, sur les principales vérités de la Religion, par M. l'abbé J. P. G., destinés à faire suite au premier Livre de lecture.

4° Principaux traits de l'Histoire Sainte, racontés aux enfants dans un style simple à leur portée, pour servir de troisième Livre de lecture. (Ces ouvrages sont en caractères de différentes grosseurs).

5° Méthode Pratique d'Écriture en 12 cahiers, comprenant tous les genres d'écriture usités en France, par F.-M. Vrin.

Nota. — Pour paraître prochainement : Manuel Pédagogique ou Guide de l'instituteur primaire, d'Overberg, mis dans un nouvel ordre par M. l'abbé G. A. et F.-M. Vrin. Cet ouvrage, qui est à sa 8e édition en Allemagne, a déjà eu 2 éditions en Belgique. La traduction belge n'étant pas en état de soutenir la critique pour le style, et d'ailleurs contenant différentes pièces inutiles en France, nous avons cru rendre un vrai service au public en faisant paraître chez nous ce précieux ouvrage, fruit de quarante-deux années de pratique, ouvrage regardé en Allemagne comme un chef-d'œuvre.

PREMIER TABLEAU.

VOYELLES MINUSCULES.

a e i o u y é è ê

CONSONNES MINUSCULES.

b c d f g h j k l m n p q r s t
v x z

VOYELLES MAJUSCULES.

A E I O U Y É È Ê

CONSONNES MAJUSCULES.

B C D F G H J K L M N P
Q R S T V X Z

ALPHABET MINUSCULE.

a	b	c	d	e	f	g	h	i	j	k	l	m	n	o
a,	b,	petit-que,	de,	e,	fe,	gue.	ache,	i,	je,	ka,	le,	me,	ne,	o.

p	q	r	s	t	u	v	x	y	z
pe,	que,	re,	se,	te,	u,	ve,	cse,	y,	ze.

ALPHABET MAJUSCULE.

A B C D E F G H I J K L
M N O P Q R S T U
V X Y Z

ACCENTS.

Accent aigu.	Accent grave.	Accent circonflexe.
´	`	^

PREMIER TABLEAU. (Suite.)

ba na le ,	ca ra co le,
ca ba le ,	ja ve li ne,
do ru re ,	pa ra bo le,
fa mi ne ,	va ri é té.

Fi gu re, hi la ri té, ba rê me, fa mi li-a ri té, do mi no, ha bi le, é tu de, i do le, ja va, ka ba, ha bi tu de, ca vi té, le pa pe, la la me, lu pu li ne, la mi ne, me su re, la to ta li té, le vo lu me, le ké pi, la li-bé ra li té; pa pa se ra sé vè re; le ma la-de a vu le re mè de a mè re, la co lè re le mi ne; le ca ma ra de a ju ré; ta pa ro le ba na le me fe ra ri re; Ni co le a gâ té sa ca po te; la fa mi ne se ra du re; ma ca-va le i ra à la ri vi è re; la pa na de a é té à ma mo de. La ma la de a vu sa mè re. Lu go a amené sa pe ti te ca ra bi ne. La ga ba re fe ra u ne fê te à Pa ris. Re né re lè ve de ma la die. Le pè re de Jé ro-me a re le vé le pa vé de la ca ve. Ma mè re a é té ma la de sa me di. Je mé di-te la pa ro le di vi ne.

PREMIER TABLEAU. (Suite.)

ca pi ta le,	ba ra te,
fa ta li té,	ca rê me,
na ti vi té,	la lu ne,
la bi a le,	vo lu me.

La ri va li té m'a a ni mé. Re né a sa li sa ro be de bure. Jé ro me mè ne sa pe ti-te bê te à la pâ tu re. Ju les a ti ré sa ca-ra bi ne. Nu ma va à la fê te. Pa pa fu me ra sa pi pe. Le pa pe ha bi te Ro me. La fi dé li té à ta pa ro le te fe ra di re la vé-ri té. La lo co mo ti ve se ra à la ga re. Ma mè re ha bi te ra la ca pi ta le. Re my é-vi te ra le ri di cu le. La co lè re t'a ni me. Le co mi té a re cu lé. Ju ni pè re a je té sa pi pe à la ri vi è re. I si do re a gâ té le ké pi de l'é lè ve. Le na vi re va à Ma la ga. É mi le se ra sé vè re. La pa ro le du re fe-ra di re la vé ri té. La pri è re a é té u ti le à ma mè re. La ra de sû re se ra u ti le. Re né a vi dé la ca ve. La pâte se lè-ve. La za re di ra u ne vé ri té. La cô te se ra u nie. La bê te se lè ve.

DEUXIÈME TABLEAU.

au, eau,	eu, eux, eur, œuf,	ou, oue, our,	ai, ais, ait,
ra t eau,	ne v eu,	ca ri b ou,	tu a v ais,
cu v eau,	b ou eux,	j ou j ou,	Re né de v ait
ca d eau,	a ma t eur,	sé j our,	le pa l ais,
li t eau,	œuf, b œuf,	ba j oue,	le ba l ai,

Bu r eau, co t eau, f eu, ne veu, v eau, bi jou, jou jou, au tour, cour, boue, houe, é tai, bai, dé lai, sou, voir, a boie, bois, coi, re tour, eau, sé jour, le ju meau, le gâ-teau, le ba teau, la joie, le ba lai, la soie, la loi, le pour tour, le roi, le ca veau, le su reau, le seau.

Le bu reau du pa lais a é té vi de. Le jeu a mu se Re né. Le ca deau se ra nou-veau. L'a mour de ma mè re me gâ te. La joie de ma sœur la fe ra sou ri re. La cour a é té à la fê te. Le ma ra bout a vu le pa pe. Le re tour de ma mè re au ra lieu. La ca-vi té noi re est le sé jour du hi bou. La cou pe de Re my a é té vi de à mi di. La sou pe se ra a mè re. Le roi de Mo no mo-ta pa est ai mé.

DEUXIÈME TABLEAU.

ei, et, est, ey,	oi, oie, oir,	ai, é, er, ez,
la p ei ne,	la j oie,	je c ou p ai,
la bu r et te,	la f oi,	il a é c ou té,
le mu et, est	la mi n oir,	ca ba l er,
re ve nu,	la s oie,	re t our n ez.

La soie se ra pour ta ro be neu ve. Le roi d'I ta lie fe ra u ne loi sé vè re. Ni co- le a ai mé ta joie vi ve. Le dey a é té tu é à sa ca ba ne. Le sa pa jou du roi a é té a- me né. Le dé lai est pour toi une cau se de joie. La voie du pa ra dis se ra ma rou- te. Le ba lai de Lu cas est beau, nou veau, so li de. La va ri é té se ra tou jours ai mée. Le sé jour de la cour a gâ té Jé ro me. Le vau tour a dé vo ré ma pou le et mes pou- lets. La tour de Ro me a é té mu ti lée. E cou te tes de voirs, Lou is, fais aimer la vé ri té et dé tes ter la va ni té. Le cœur du jeu ne é lè ve gou te la vé ri té. L'a- mour du SAUVEUR est le mo teur de l'â me fi dè le. Ai mez DIEU et tou jours.

TROISIÈME TABLEAU.

ab, ac, ad, af, al, ar, as, at,	èc, èl, èr, ès ,	ic, if, il, ir, is, ip,
ab s or bé,	ec co pe,	ic tè re,
ac ti ve,	el l ip se,	il li pé,
al lu mé,	el me,	ir ré so lu,
af f ai re,	er mi te,	Is soi re,
ar ri vé,	es tè ve,	if, i re.

Bal, m al, c ol, mil, r ob, é pi l ep sie, t er-re, Gus ta ve, cot te s ub j ec tif, b ac, ac t if, ab s or bé, or ga n is te, v if, as tè re, ab so-lu, r oi li bé r al, h er cu le, ma la d if, ad-j ec ti f, v er be act if, ad j ect if p os s es s if, le ca n if, il se ré vol te.

Le mal ar rive vi te. Le pal li a tif i nu-ti le. La mis si ve du cap tif. Le fer a é té per du. Le ca ros se du dé pu té a ver sé. La ver tu est ac ti ve. La gar de fi dè le au pos te. La por te de la sal le est ou-ver te. Luc ar ri ve ra à la fer me. Tu res-tes i nac tif. La ma la die de l'er mi te. Le ter reau de la cour. La ré col te se ra tar-di ve. Sa ca ta rac te a é té le vée.

TROISIÈME TABLEAU.

ob, oc, of, ol,	op, or, os, ot,	up, ur, us, ut, ul,
ob j ec té,	op po sé,	up sal,
oc ca,	or di n ai re,	ur ne,
of f er te,	ot to ma ne,	us s el,
ol f ac t if,	os seux,	u ti le,
oc cu pé,	op po si te,	ul té ri eur.

La por te du cor ri dor. Le jus te ai me la p ié té. Le jar di ni er du roi. Le tis su or di nai re. La cou tu me bar ba re. Le mar ty re mè ne au pa ra dis. L'a voi ne lour de a été bat tue. Le cor deau se ra fait a vec de la li as se for te. Le ga lop me fait mal à l'es to mac. Le ver be ac tif se ra lu par Nes tor. L'ar mée a é té é cartée de la ca pi ta le. La bel le his toi re de Jé ro me a é té dé cou ver te. La garni tu re de la nap pe d'au tel est ter minée. Le bar ba re a for mé u ne ar mée nou vel le. La ga let te se ra pour Vic tor. Le jus te ai me Dieu. La ver tu est bel le et sur tout ra re. Il faut de ve nir ver tueux pour al ler au pa ra dis.

QUATRIÈME TABLEAU.

1, 2, 3, 4, 5, 6, 7, 8, 9, 10.

an, am, en, em,	in, ain, ein,	im, aim, eim,
an d ain,	in di go,	i m pu ni,
am bi gu,	ain si,	im pos teur,
en ga ri é,	Ein vil le,	f aim,
em bar ras,	In dia na.	im pu re.

Le sou t ien, le s ain f oin, le mou lin, le g ain, le fu s ain, le lu t in, le c an c an, le p ain, l'em pe reur, en le vé, an ta go- nis te, en fant, com me, le be soin, le ba- din, le pin son, le gou jon, le coin, un point, loin, le loin tain, la pein ture, le mon dain, la vian de, la can deur, la man- ne, le con sis toi re, la co lom be, la lam- pe, la gon do le, le la pin, le tam pon fin.

Ma man re vient de main. J'a vais u ne a mande. Lé on doit u ne som me à mon fi- dè le a mi. De main il va à Nancy. Voi là ton bu tin. Le pè re de mon a mi est im bu des er reurs de la sec te mau di te. Le pou- lin a é té ven du pour rien. Lu cas a don né le bon vin à l'in fir mier. Le gain me fe- ra du bien.

QUATRIÈME TABLEAU.

on, om,	un, um,	ien, oin,	ia, ié, iè,
on du lé,	au c un,	le tien,	ra ta fia,
om bel le,	c om m un,	le soin,	pi tié,
on de,	l un di,	le mien,	b iè re,
om bi lic,	a l'un,	le f oin,	gal liot.

Le gar dien a vu ar ri ver son bul le tin. La pi tié a ga ran ti mon a mi de la faim. Nous di rons de main : don nez-nous no tre pain quo ti dien. La ver tu du nom du Sauveur a ren du la vue a bien des hom mes. La pein tu re est un art des Ro mains et des La tins. Les men teurs sont dé tes tés par tout le mon de ; on veut les voir bien loin. Le ga lo pin a jou é son pe tit bu tin pour a voir des bons points. Le fon de ment de la foi est di vin. Ju lien a bien mé ri té ses es car pins en peau de la pin. Il est badin et rit pour un rien. Mon an ge gar dien est mon sou tien ; il a soin de moi dans mes pei nes. Le pe tit mu tin a été pé ni tent. Je goû te rai de main du ra ta fia à jeûn. L'a mi tié de l'hom me de bien est un beau ca deau.

CINQUIÈME TABLEAU.

ch (e)	gn (e)	ph (e) fe ,
ch a pe let ,	ga gn e ra ,	ph a lè ne ,
ch e va li ne,	re gn e ra ,	ph i lo lo gue ,
ch i ca go ,	i gn o ré ,	ph y si que ,
ch o pi ne ,	i gn o ble ,	ph os ph a te ,
ch u cho té,	i gn ard ,	ph é nix ,
ch a ri té,	i gn o ra,	ph i lar que.

Le cha pi tre, Phi la del phie, le qua li fi ca tif, la bra va de, la che vro tine, le pha re, le rè gne, le quin qui na, le psau tier, le re pas ma gni fi que, la sta tis ti que. La spi ra le, la crê te du coq. Le cha pi tre mé tro po li tain. La char rue de la fer-me. La cla vet te de la por te. Xé no phon a é crit l'his toi re des dix mil le. La ma gna ni mi té du mo nar que a char mé. Le phi lo lo gue s'ap pli-que à l'é tu de des lan gues. La chi ca ne me fa ti-gue. Voi là de la qui ni ne. La hu che du gre nier a é té plei ne de blé nou veau. La cru che est cas-sée. Le phos pho re est très-in flam ma ble.

A B C D E F G H I J K L M

N O P Q R S T U V X Y Z

CINQUIÈME TABLEAU.

qu (e) q, gu, g,	bl (e), br (e), cl (e),	br o de rie,
qu a li té,	dr (e), fl (e), fr (e),	dr a gon,
qu o ti té,	gr (e), pl (e), pr (e).	fl a neur,
qu i vi ve,	sp (e), st (e), sc (e),	fr a ter nel,
gu er re,	cr (e), gl (e), vl (e),	gr a vi té,
fa ti gue,	tr (e), sl (e), ps (e),	pl a car dé,
gu é rir,	bl â me, gl a né.	sp a tu le.

La foi vi ve rè gne dans mon cœur. La pier re phi lo so pha le ne se ra point trou vée. Ma ré-pli que se ra é ner gi que. La pié té ga gne dans la so li tu de. Le char la tan a é té cru, il a ga gné de l'or et a trom pé les pas sants. Je te char me rai par ma gai e té. L'im pie cher che sa per te. Voi-là une phra se la ti ne ir ré gu liè re. Lou is au ra de sa tan te, une ma gni fi que bour se tou te neu-ve. Le bra ve pré fè re la mort à la lâ che té. Gré-goi re de vint duc de Bour go gne. J'ai man qué de gra vi té de vant le lé gat du pa pe. Le pha re a é té ren ver sé. La mon ta gne ron de crou le le long du che min. Le re frain de ma chan son a plu au gar dien. Le pé ché est une lè pre ma li gne.

A B C D E F G H I J K L

M N O P Q R S T U V X Y Z.

SIXIÈME TABLEAU.

ch = k.	t = s.	c=s, *suivi de* e *ou de* i
ch o ri que,	pa tient,	cé der,
ch ré tien,	por tion,	cis sion,
ch œur,	po si tion,	ce ci,
ch o riste,	frac tion,	ci li ce.

Chro no mètre ab so lu tion, ac cé der, en ga-gé, fu sion, pla çons, cho ron. Chrê me, con ci-lia tion, ab né ga tion, ju ge ment, jar di nage, ma li ce, cho se mau vai se, li cen ce, ma çon-ne rie, chry sa li de, cé du le, cé ta cé, gi ron ne, à foi son, em bra ser. Le chré tien doit ai mer Dieu de tout son cœur. La pa tien ce est une ver tu pré cieu se. Le ga ge a é té ren du. La mu ni tion de l'ar mée na va le. La gê ne me for ce à ven dre ma mai son. La ran çon du cap tif a é té sol dée. La chro ni que lo ca le est in té res san te. La pu-ni tion af flic ti ve dé plait. La gué ri son mi ra-cu leuse. Ce bon gar çon a bien ré ci té sa le çon. Il re ce vra un bon point à cet te oc ca sion.

A B C D E F G H I J K L

M N O P Q R S T U V X

Y Z

SIXIÈME TABLEAU.

g=j, *suivi de e ou de* i.	s=z, *placé entre deux voyelles.*	ç= s.
		le çon,
ju ge,	be s a ce,	fa çon,
ga gé,	a vi sa,	re çu,
ra ge,	é cra ser,	con çois,
gi ron,	mai son,	ma çon,

La fu sion a eu lieu chez nos voi sins. Le chris-tia nis me a é té é ta bli par Jé sus-Christ. L'an-cien por tait la chla mi de. Ce ci a é té ju gé in-dis pen sa ble à l'o pé ra tion. On mé na ge ra vo tre cou sin à la ré vi sion. Une pri son est une mai son de cor rec tion. Fai sons cho rus nous deux. La gé o lo gie et la gé o gra phie sont des scien ces a mu san tes. Le cho co lat me sou la ge. La sa ge con dui te de cet en fant lui ga gne tout les cœurs. La chro no lo gie fa ci li te l'é tu de de l'his toi re. Il a a gi de fa çon à se fai re mal ju ger. La grâ ce nous ai de à ga gner le ciel. Le bra sier ar dent de l'en fer m'é pou van te.

1 2 3 4 5 6 7 8 9 10.

SEPTIÈME TABLEAU.

1, 2, 3, 4, 5, 6, 7, 8, 9, 10.

ll (e) [1]	ent = e [2]
ail tra vail ,	ils man gent ,
aill, cail le ,	ils chan tent ,
eil, con seil ,	ces lits rou lent ,
eill, mer veil le,	les rois rê gnent ,
ouill, rouil le ,	les blés mu ris sent ,
ill, fa mil le ,	les é lè ves ri ent ,
uill, an guil le ,	ils cau sent ,

La pail le, le mé teil, ces hom mes cri ent. Ils ad di tion nent leurs re ve nus. Ces ma chi nes fonc tion nent à mer veil le. Nos af flic tions du-rent peu. La red di tion de comp te a é té con seil-lée. La pa trouil le a li vré u ne ba tail le à la bas-til le. Les ba tail lons ont mi trail lé et fu sil lé les ti rail leurs au tri chiens. La rouil le ron ge les tré sors de ce mon de. On souil le son â me par le pé ché. L'his toire sain te est rem plie de ré-cits mer veil leux. Les frè res de Jo seph le ven-di rent aux mar chands is ma é li tes. La mort n'est qu'un long som meil , dont la ré sur rec tion est le ré veil. La fa mil le tra vail la à plan ter des gro-seil lers, des fram boi siers , des pom miers , des pru niers dont elle re cueil le ra les fruits.

(1) ll (e) mouillé, faites prononcer *llieu* , faiblement la dernière partie *eu*.
(2) Eu-te dans les verbes, ou mots qui désignent des actions.

SEPTIÈME TABLEAU.

dd, ff, gg, mm, nn.	y=i ou y=ii [1]	scl (e), scr (e), spl (e), str (e), sq (e).
ad di tion,	payer,	stuc tu re,
af fec tion,	moyen,	scri be, scro,
sug ges tion,	voyons,	splen di de,
em ma nu el,	yeux,	stra té gie,
en ne mi,	hy dre,	stri é, stra,
red di tion,	hy po gy ne,	ba lus tre,
ag glo mé rer,	ci toyen,	sclé ro ti que,

Vous fouil le rez le ga min pour voir s'il a ma gri sail le. La ba tail le se don na, les Hé breux as sail lis de tous cô tés fu rent vain cus et tail-lés en piè ces. Les en fants sa ges ai ment le bon Dieu, le lou ent et le ser vent. Em ma nu el se ti re d'af fai re à mer veil le. Les gens sen sés pren-nent tou jours con seil a vant d'a gir. Cet te bou-teil le é tait au fond d'une vieil le cor beil le. L'an-guil le que Char les a pri se hier é tait sans pa reil-le. Les fouil les con ti nuent ; dans les fon da tions, on a trou vé du fer char gé de rouil le. La char-mil le est un bois de char ron na ge. Cet of fi cier cu pi de a gas pil lé les fonds pu blics. Les cail les sont des oi seaux d'as sez pe ti te tail le. Le chré-tien li vre des ba tail les à ses pas sions. Fai sons tout pour la plus gran de gloi re de Dieu.

(1) Y=i au commencement et à la fin des mots; il égale générale-ment deux i, lorsqu'il est placé entre deux voyelles.

Histoire du petit Léon.

1° Mes bons pe tits en fants, l'his toi re du pe-tit Lé on est si bel le que je veux vous la ra con-ter, a fin que vous fas siez tous com me lui. E-cou tez-la bien, et ap pre nez à la li re sans fau te, mes pe tits a mis.

Le ma tin quand sa bon ne ma man l'é veil lait, il fai sait aus si tôt le si gne de la croix, il don-nait tout de sui te son cœur au bon Dieu en di-sant : Mon Dieu, je vous don ne mon cœur, je vous de man de la grâ ce de ne pas vous of fen ser pen dant cet te jour née.

2. Il se le vait tout de sui te et se hâ tait de se cou vrir de ses ha bits, par ce qu'il n'au rait pas vou lu que quel qu'un l'a per çut a vant qu'il fut ha bil lé mo des te ment.

Puis il s'a ge nouil lait, joi gnait les mains, bais sait les yeux, se met tait en pré sen ce de Dieu et com men çait sa pri è re. Oh! com me il fai sait bon le voir pri er. C'é tait un an ge du bon Dieu.

Quand il a vait fi ni sa pri è re, si le dé jeû ner n'é tait pas prêt, il é tu di ait sa le çon. A vant et a près ses re pas, il a vait soin de bien di re son *bé né di ci té* et *ses grâ ces* pour re mer ci er le bon Dieu de la nour ri tu re qu'il en re ce vait. Il é tait aus si très-ex act à dire son *an ge lus*, pour ho no rer la sain te Vier ge, qu'il ai mait com me sa mè re.

3. Il com men çait tou jours son tra vail par le si gne de la croix et cet te pe ti te pri è re: « Mon Dieu, je m'u nis au pe tit en fant Jé sus dans le tra vail que je vais fai re, je vous l'of fre : qu'il soit pour vo tre plus gran de gloi re, et pour mon salut. »

Le pe tit Lé on, com me vous le pen sez bien mes en fants, ne ju rait ja mais, car il crai gnait le pé ché plus que la mort.

Il al lait à la mes se au tant qu'il le pou vait ; il y ré ci tait si bien ses pri è res que tout le mon de en é tait é di fi é. Il as sis tait aus si tou jours aux vê pres et mê lait dé jà sa voix ar gen ti ne à cel le des chan tres et des au tres en fants de son â ge, pour chan ter les lou an ges de Dieu.

4. Il ai mait sur tout le ca té chis me, qu'il ap pre nait a vec le plus grand soin ; il y é tait tou jours ar ri vé un des pre miers, et il y re ce vait sou vent de bel les i ma ges de Mon sieur le Cu ré, par ce qu'il ré pon dait bien aux ques tions qu'on lui fai sait. Quel le joie c'é tait pour lui de ren trer chez ses bons pa rents a vec ses jo lies i ma ges qui é taient son tré sor !.... A lors sa bon ne ma man, la plus heu reu se des mè res, ve nait

l'em bras ser et le pres ser ten dre ment con tre son cœur !...

Le pe tit Lé on n'a vait non plus ja mais de dis-cus sion a vec ses ca ma ra des ; il é tait doux et af fa ble a vec tous et se gar dait bien de leur cher-cher que rel le ; au con trai re, il était heu reux quand il pou vait leur ren dre ser vi ce. En voi ci un ex em ple bien tou chant, mes pe tits a mis. Un jour, Lé on ren con tra un pau vre pe tit sa-voy ard, qui é tait bien mal heu reux, bien mal-heu reux, il é tait mal ha bil lé, ge lait de froid, mou rait de faim ; le pe tit Lé on fut bien pei né de voir que des en fants de son â ge é taient si mi sé-ra bles ; il prit le pau vre in for tu né par la main, le con dui sit chez ses pa rents, le fit chauf fer, pri a sa ma man de les fai re dî ner en sem ble et on lui don na en sui te des ha bits de Lé on qui é taient pro por ti on nés à sa tail le. Voi là une des œu vres de son cœur com pa tis sant.

5. Comment vous ferai-je connaître l'amour si tendre qu'il avait pour ses bons et pieux parents? Rien ne lui était si cher ; tous les jours le matin, il allait leur souhaiter le bonjour et embrasser son bon papa et sa pieuse maman. Il leur obéissait avec joie et il était toujours prêt à faire ce qu'on lui commandait. S'il venait par mégarde à com-mettre quelque faute, il allait vite en demander

pardon à ses parents et promettait de mieux faire à l'avenir.

A l'école, vous pensez bien, mes chers enfants, que Léon n'était pas en retard ; aussi son bon maître pouvait le citer comme le modèle de sa classe et son nom se trouvait toujours de droit au *Tableau d'honneur;* il faisait des progrès très-sensibles pour son âge : c'était le fruit de son travail continuel.

6. Jamais de la bouche de cet aimable enfant, on n'entendit sortir une parole mauvaise, et quand il en entendait, il rougissait aussitôt et se retirait au plus vite chez ses parents.

Vous dire qu'il n'était ni voleur, ni menteur, ce n'est rien vous apprendre ; car ces vices grossiers n'auraient pu trouver place dans un si bon cœur.

Il avait un très-grand respect pour tout ce qui touche à la religion, et à ses cérémonies. Il aimait de chanter à l'Eglise et de servir la Ste-Messe, comme les anges. Vous êtes encore un peu jeunes, mes petits amis, pour l'imiter en ce point, mais dans quelque temps vous pourrez aussi remplir ce bel office, digne des anges.

Il respectait beaucoup les vieillards, les pauvres, pour lesquels il avait un amour tout particulier ; souvent il demandait à ses parents de quoi leur faire la charité ; d'autres fois, il se privait des petites douceurs que ses parents lui accordaient, et en faisait cadeau à des indigents.

7. Léon ayant ouï parler, par Monsieur le Curé, des pauvres petits Chinois que leurs parents font mourir si cruellement, voulut faire partie de l'association de la Sainte-Enfance, fondée pour racheter ces pauvres petits infidèles et leur donner le baptême ; on donne un sou par mois et on dit un *je vous salue Marie*, etc., chaque jour, avec cette invocation : *O Marie, refuge des pécheurs, priez pour nous et pour les petits enfants infidèles.*

Que vous dirai-je encore de Léon, mes chers enfants ? Il possédait encore une vertu qui plaît beaucoup dans un enfant de votre âge : c'est la propreté. Ses habits étaient toujours très-propres et il se gardait bien de les salir ; il se lavait le matin et à midi les mains et le visage. Ses cheveux blonds bien peignés, sa figure riante, tout montrait l'innocence de son âme ; tout concourait à faire aimer cet enfant chéri. Toutes les bonnes mères, qui le connaissaient, auraient voulu que leurs petits garçons fussent aimables comme Léon. Ses parents surtout étaient heureux de posséder un enfant qui répondait si bien aux soins qu'on lui prodiguait chaque jour.

Mes bons petits amis, vous connaissez maintenant le petit Léon. Je n'ai plus qu'une chose à demander ; c'est que vous fassiez tous comme lui. En l'imitant vous trouverez le bonheur et vous rendrez heureux vos bons parents. Vous serez sages comme lui, n'est-ce pas ? Votre bon cœur me le dit. Allons courage, prenez une bonne résolution ; relisez souvent l'histoire de Léon et marchez sur ses traces.

Honorez votre père et votre mère, afin que vos jours soient prolongés sur la terre. (Exod xx. 12.)

Enfants, obéissez à vos pères et à vos mères, en ce qui est selon la loi de Dieu, car cela est juste.

Fuyez les passions de la jeunesse, et suivez la justice, la foi et la charité, et vivez en paix avec ceux qui invoquent le nom du Seigneur avec un cœur pur. (Tim II. 22.)

Que sert à l'homme de gagner tout l'univers s'il vient à perdre son âme !..

Cherchez premièrement le royaume de Dieu et sa justice, et le reste vous sera donné par surcroît.

Faites aux autres ce que vous voudriez que l'on vous fît à vous-mêmes ; et ne leur faites pas ce que vous ne voudriez pas qui vous fut fait à vous-mêmes.

Aimez votre prochain comme vous-mêmes et Dieu par dessus tout.

Remarques sur quelques lettres.

La lettre *h* est muette ou aspirée : elle est muette quand elle ne se prononce pas, comme dans *histoire*, *habitude*, *habit*, *homme*, *horloge*, *heure*, *hésiter*, *héroïque*, *héritage*, etc.; elle est aspirée quand elle fait prononcer du gosier la voyelle qui suit, comme dans *héros*, *hardes*, *hardi*, *hérissé*, *héraut*, *homar*, *hutte*, *huppé*, *horde*.

L'*y* s'emploie tantôt pour un *i* tantôt pour deux *i i* : il s'emploie pour un *i* au commencement et à la fin des mots et dans l'intérieur des mots, lorsqu'il est suivi d'une consonne. *Yeux*, *yatagan*, *yole*, *yvetot*, *hypogyne*, *type*, *hyacinthe*, *hydromel*, *hydre*, *systématique*, *hyre*, etc. Il s'emploie pour deux *i* dans l'intérieur des mots après une voyelle : *moyen*, *moyeu*, *voyons*, *voyager*, *pays*, *paysage*, *crayon*, *noyau*, *envoyer*, *royaume*, *mitoyen*, *citoyen*, *royal*, etc.

La cédille est un petit signe que l'on place sous le *c* pour lui donner le son de *s*, lorsqu'il est suivi de *a*, de *o* ou de *u*, comme dans *maçon*, *façade*, *rançon*, *façon*, *leçon*, *menaçons*, *reçu*, *traça*. *Luçon*, *garçon*, etc.

Le tréma consiste en deux points que l'on met sur une des voyelles *e*, *i*, *u* pour la détacher des voyelles qui précèdent et pour la faire prononcer séparément : *Noël*, *Raphaël*, *Israël*, *Caïn*, *Ephraïm*, *Moïse*, *maïs*, *Caïphe*, *héroïque*, *haïr*, *Saül*, *Emmaüs*, etc.

L'apostrophe est un signe qui marque le retranchement de *a, e, i* ; ce retranchement a lieu quand le mot suivant commence par une voyelle ou une *h* muette ; *l'amitié*, *l'âme*, *l'amour*, *l'enfant*, *l'enseigne*, *l'encan*, *l'image*, *l'idée*, *l'irritation*, *l'histoire*, *l'hysope*, *s'il vient*, etc., *pour la amitié*, *la âme*, etc.

Le trait d'union sert à marquer la liaison qu'il y a entre quelques mots, ou à les réunir en un seul, comme dans *Henri-le-Grand*, *Hôtel-Dieu*, *tête-à-tête*, *très-bien*, *voulez-vous*, *lui-même*, *quatre-vingt-dix-huit*, *etc.*

Mes chers enfants, vous entendrez souvent dire dans le monde qu'il n'y a point sur la terre de *roses sans épines* ; cela signifie *qu'il n'y a pas de plaisirs sans peines*. Ainsi attendez-vous donc à souffrir toujours quelque chose tant que vous serez ici-bas. C'est dans le ciel seulement que les plaisirs sont purs et véritables. Ne croyez pas que le bonheur consiste dans de grandes richesses ; non, mes bons amis, la conscience tranquille, une heureuse médiocrité procurent plus de jouissances véritables que les grands biens.

Principales prières.

ORAISON DOMINICALE.

Notre Père, qui êtes dans les cieux, 1. Que votre nom soit sanctifié. 2. Que votre règne arrive. 3. Que votre volonté soit faite sur la terre comme au ciel. 4. Donnez-nous aujourd'hui notre pain quotidien. 5. Et pardonnez-nous nos offenses comme nous pardonnons à ceux qui nous ont offensés. 6. Et ne nous laissez point succomber à la tentation. 7. Mais délivrez-nous du mal. Ainsi soit-il.

SALUTATION ANGÉLIQUE.

1. Je vous salue, Marie, pleine de grâces, le Seigneur est avec vous. 2. Vous êtes bénie entre toutes les femmes, et Jésus, le fruit de vos entrailles, est béni.

3. Sainte Marie, Mère de Dieu, priez pour nous, pauvres pécheurs, maintenant et à l'heure de notre mort. Ainsi soit-il.

SYMBOLE DES APOTRES.

1. Je crois en Dieu le Père tout-puissant, Créateur du ciel et de la terre : 2. Et en J.-C., son fils unique, notre Seigneur : 3. Qui a été conçu du Saint-Esprit ; est né de la Vierge Marie : 4. A souffert sous Ponce Pilate ; a été crucifié ; est mort et a été enseveli : 5. Est descendu aux enfers ; est

ressuscité des morts le troisième jour : 6. Est monté aux cieux ; Est assis à la droite de Dieu le Père tout-puissant : 7. D'où il viendra juger les vivants et les morts.

8. Je crois au Saint-Esprit : 9. La sainte Eglise catholique ; la communion des saints : 10. La rémission des péchés : 11. La résurrection de la chair. 12. La vie éternelle. Ainsi soit-il.

CONFESSION DES PÉCHÉS.

Je me confesse à Dieu tout-puissant, à la bienheureuse Marie toujours Vierge, au bienheureux S. Michel Archange, au bienheureux S. Jean-Baptiste, aux Apôtres S. Pierre et S. Paul, à tous les Saints (et à vous, mes frères), d'avoir beaucoup offensé Dieu, par pensée, par parole et par action. C'est ma faute, c'est ma faute, c'est ma très-grande faute. C'est pourquoi je prie la bienheureuse Marie toujours Vierge, le bienheureux S. Michel Archange, le bienheureux S. Jean-Baptiste, les apôtres S. Pierre et S. Paul, tous les Saints (et vous mes frères), de prier pour moi le Seigneur notre Dieu.

Que Dieu tout-puissant ait pitié de nous, et qu'après nous avoir pardonné nos péchés, il daigne nous conduire à la vie éternelle. Ainsi soit-il.

COMMANDEMENTS DE DIEU ET DE L'ÉGLISE.

1. Un seul Dieu tu adoreras
Et aimeras parfaitement.
2. Dieu en vain tu ne jureras,
Ni autre chose pareillement.
3. Les dimanches tu garderas,
En servant Dieu dévotement.
4. Tes père et mère honoreras
Afin de vivre longuement.
5. Homicide point ne seras
De fait ni volontairement.
6. Luxurieux point ne seras
De corps ni de consentement.
7. Le bien d'autrui tu ne prendras,
Ni retiendras à ton escient.
8. Faux témoignages ne diras,
Ni mentiras aucunement.
9. L'œuvre de chair ne désireras,
Qu'en mariage seulement.
10. Bien d'autrui ne convoiteras,
Pour les avoir injustement.

Ecoutons aussi avec soumission les commandements de l'Eglise.

1. Les Fêtes tu sanctifieras,
Qui te sont de commandement.
2. Les dimanches, Messe entendras,
Et les fêtes pareillement.
3. Tous tes péchés confesseras,
A tout le moins une fois l'an.
4. Ton Créateur tu recevras,
Au moins à Pâques humblement.
5. Quatre-Temps, Vigiles, jeûneras,
Et le Carême entièrement.
6. Vendredi chair ne mangeras,
Ni le samedi mêmement.

LES ACTES DE FOI.

Acte de Foi. Mon Dieu, je crois fermement tout ce que votre Église croit et enseigne : je le crois parce que vous l'avez révélé, et que vous êtes la souveraine vérité, qui ne pouvez vous tromper ni nous tromper.

Acte d'Espérance. Mon Dieu, j'espère de votre bonté infinie, qu'en considération des mérites de N. S. J.-C., vous m'accorderez la vie éternelle et les secours nécessaires pour y parvenir : vous l'avez promis et vous êtes fidèle dans vos promesses.

Acte de Charité. Mon Dieu, je vous aime pardessus toutes choses, parce que vous êtes infiniment parfait et infiniment aimable ; et j'aime mon prochain comme moi-même par rapport à vous.

Acte de Contrition. Mon Dieu, j'ai un très-grand regret de vous avoir offensé, parce que vous êtes souverainement bon, souverainement aimable, et que le péché vous déplaît ; je le déteste : je fais une ferme résolution de l'éviter, et toutes les occasions qui pourraient m'y faire tomber ; je vous en demande très-humblement la grâce, et celle de faire une véritable et sincère pénitence.

MESSE A L'USAGE DES PETITS ENFANTS.

Prière pendant que le prêtre est au bas de l'autel.

Mon Dieu, je vous demande pardon de toutes mes désobéissances, de tous mes mensonges, de ma paresse, de mes colères ; j'ai bien du regret aussi d'avoir quelquefois oublié mes prières le matin et le soir, mais je veux me corriger. Faites-m'en la grâce, ô mon Dieu, afin que, devenant un enfant docile et studieux, je fasse le bonheur de mes parents, et que, vous aimant et vous priant bien, vous me receviez un jour dans le ciel. — Ainsi soit-il.

Mon Dieu, c'est vous qui m'avez créé, c'est vous qui m'avez donné une âme capable de vous connaître et de vous aimer ; ayez pitié de mon âme ; faites qu'elle n'oublie jamais qu'un jour elle peut régner avec vous dans le ciel ; accordez-lui la grâce de se rendre digne de ce bonheur en obéissant bien à tous vos commandements.

Divin Jésus, qui avez souffert la mort pour me sauver, ayez pitié de moi. — Ainsi soit-il.

Au Gloria in excelsis. (Quand on le dit.)

Gloire à Dieu dans le ciel, et paix aux hommes de bonne volonté sur la terre ; nous vous louons, Seigneur, nous vous bénissons, nous vous adorons, nous vous rendons de très-humbles actions de grâces, vous qui êtes le Seigneur, le souverain monarque, le très-haut, le seul vrai Dieu, le Père Tout-Puissant.

Adorable Jésus, Fils unique du Père, Dieu et Seigneur de toutes choses, Agneau envoyé de Dieu pour effacer les péchés du monde, ayez pitié de nous, et du haut du ciel où vous régnez, avec votre Père, jetez un regard de compassion sur nous, sauvez-nous. Vous êtes le seul, infiniment adorable avec le Saint-Esprit dans la gloire du Père.— Ainsi soit-il.

Prière pendant l'Oraison.

Je vous demande, Seigneur, toutes les grâces que le prêtre vous demande pour lui et pour nous. Je vous fais les mêmes prières pour mes parents et pour mes amis. Rendez-nous tous bien bons, préservez-nous du péché.

Pendant l'Epître.

Conseils. — Mon enfant, honorez votre père et votre mère, respectez-les, ne leur désobéissez jamais, assistez-les dans leur besoin : ce sont eux qui vous ont donné le jour, ils ont soin de vous, ils vous aiment, même quand vous leur faites de la peine. Le bon Dieu bénit les enfants qui aiment bien leurs parents ; il maudit, au contraire, il enverra dans l'enfer les enfants insolents envers leurs père et mère. L'enfant qui obéit tout de suite à son père et à sa mère, qui leur témoigne son amour par ses attentions, par ses caresses et surtout par sa bonne conduite, est non-seulement béni de Dieu, mais encore estimé de toutes les personnes qui le connaissent.

Pendant l'Evangile.

Histoire et Conseils. — Jésus-Christ a passé sa vie mortelle à faire du bien aux hommes ; ici, il guérissait les malades ; là, il ressuscitait les morts ; tantôt il faisait entendre les sourds, tantôt il rendait la vue aux aveugles.

Un jour qu'il avait passé toute la journée à instruire ceux qui le suivaient, et qu'il était sur le point de se retirer, des mères, aussi pieuses que tendres, s'approchèrent de lui avec leurs enfants, afin qu'il les bénît et priât pour eux.

Mais les disciples, qui savaient que leur maître avait besoin de repos, ne laissaient pas approcher ces mères, et les repoussaient avec des paroles dures. Jésus, qui s'en aperçut, fut indigné de leur conduite, et leur dit : « Laissez venir à moi ces petits enfants, ne les empêchez pas; car le royaume du ciel est pour eux et pour ceux qui leur ressemblent. » Puis il les bénit en les embrassant et en posant la main sur eux. Vous voudriez bien, mon enfant, avoir été du nombre de ceux qui furent embrassés et bénis par le Sauveur du monde. C'étaient sans doute des enfants bien sages, bien obéissants, dociles à la volonté de leurs parents, puisque Jésus-Christ les donne pour modèle à ceux qui veulent entrer dans le royaume du ciel. Eh bien! mon enfant, si vous ressemblez à ces enfants, si vous êtes sages comme eux, vous serez bien plus heureux encore, car Jésus-Christ viendra dans votre jeune cœur, quand vous ferez votre première communion. Il dira au prêtre : Laissez venir à moi ce petit enfant, ne l'empêchez pas de venir à ma table sainte, car je l'aime tendrement.

Pendant le Credo, dites :

Je crois en Dieu, etc., *page* 26.

A l'Offertoire.

Je vous offre, ô mon Dieu, avec le prêtre, cette hostie qui va bientôt être changée au corps de Jésus-Christ, votre Fils ; je vous l'offre pour obtenir de vous la grâce d'être bien sage, de bien vous aimer et de me corriger de mes défauts ; permettez-moi de vous l'offrir aussi pour mes parents et pour mes amis.

A la Préface.

O mon Dieu! le prêtre vous dit dans ce moment: qu'il est bien juste de vous louer et de vous remercier de vos bienfaits ! Permettez-nous de vous le dire aussi: nous vous louons avec les saints et les anges, nous vous remercions de ce que vous faites pour nous, accordez-nous la grâce de nous en montrer toujours reconnaissants, surtout par notre bonne conduite. — Ainsi soit-il.

Dans un instant, ô mon Dieu, vous allez paraître sur l'autel pour écouter nos prières ; recevez d'avance celle que je vous adresse pour mes parents, afin qu'ils jouissent d'une bonne santé et qu'ils soient toujours heureux ; pour les malades, afin qu'ils soient guéris ; pour les petits enfants orphelins, afin que Dieu ne les abandonne pas ; pour tous les pécheurs, afin qu'ils se convertissent ; enfin, mon Dieu, je vous prie pour tout le monde, afin que tout le monde vous aime bien et vous serve bien. — Ainsi soit-il.

Prière à l'élévation de l'Hostie et du Calice.

Je vous adore, ô mon Dieu, et vous remercie de ce que vous voulez bien venir sur l'autel pour recevoir nos prières et nos adorations : oh ! comme je vais prier avec attention et me tenir avec respect en votre présence, car ce serait un bien grand péché de parler ou de rire étant auprès de vous, vous qui êtes si puissant, si saint et si bon.

Prière après l'Elévation.

Comment oserais-je être distrait, ô mon Dieu, et regarder de côté et d'autre pendant que je suis auprès de vous ? Ne dois-je pas plutôt vous adorer, vous prier d'avoir pitié de moi, de m'accorder la grâce d'être plus pieux, plus sage et meilleur à mesure que je vais grandir ? Je vous adresse aussi mes prières pour mes parents qui sont morts, recevez-les avec vous dans le ciel. — Ainsi soit-il.

Récitez le Notre Père, page 26.

Prière après le Pater.

A l'Agnus Dei.

Ayez pitié de nous tous, ô mon Dieu, qui sommes vos enfants. Divin Jésus qui avez souffert la mort pour nos péchés, ayez pitié de nous, pardonnez-nous. — Ainsi soit-il.

A la Communion, dites trois fois :

Seigneur, je ne suis pas digne de vous recevoir. mais dites seulement une parole et mon âme sera guérie.

Prière pendant que le Prêtre communie.

Je voudrais bien, ô mon Dieu, avoir fait ma première communion pour avoir le bonheur de vous recevoir comme le prêtre ; accordez-moi la grâce de m'en rendre bientôt digne par ma piété, ma bonne conduite, mon obéissance et mon assiduité au travail.

PRIÈRE.

Mon Dieu, je vous remercie avec le prêtre des grâces que vous nous avez faites pendant la messe; j'ai encore une grâce à vous demander, c'est de bénir et de rendre heureux les prêtres, les maîtres et les maîtresses qui se donnent tant de mal à nous instruire. — Ainsi soit-il.

Prière pendant le dernier Evangile.

Divin Jésus, qui nous avez enseigné vous-même à connaître et à aimer Dieu, faites que nous employions toute notre vie à étudier votre loi sainte et à l'observer. — Ainsi soit-il.

Prière après la Messe.

Je vous remercie, ô mon Dieu, de m'avoir permis d'assister à la messe. Je vais tâcher d'être bien sage, de me conduire toujours comme un enfant raisonnable qui vous aime bien : bénissez, ô mon Dieu, ces bonnes résolutions. — Ainsi soit-il.

Prière avant le repas.

Bénissez-nous, Seigneur, et ces dons qui vous appartiennent, et que votre libéralité nous donne pour nourriture. ✝ Au nom du Père, etc.

Que le Roi de la gloire éternelle nous fasse participants du banquet des élus. Ainsi soit-il.

Prière après le repas.

Nous vous rendons grâces, Dieu tout-puissant, pour tous les bienfaits que nous recevons de vous, qui vivez et régnez dans tous les siècles des siècles. Ainsi soit-il.

Mirecourt, Imp. de HUMBERT.

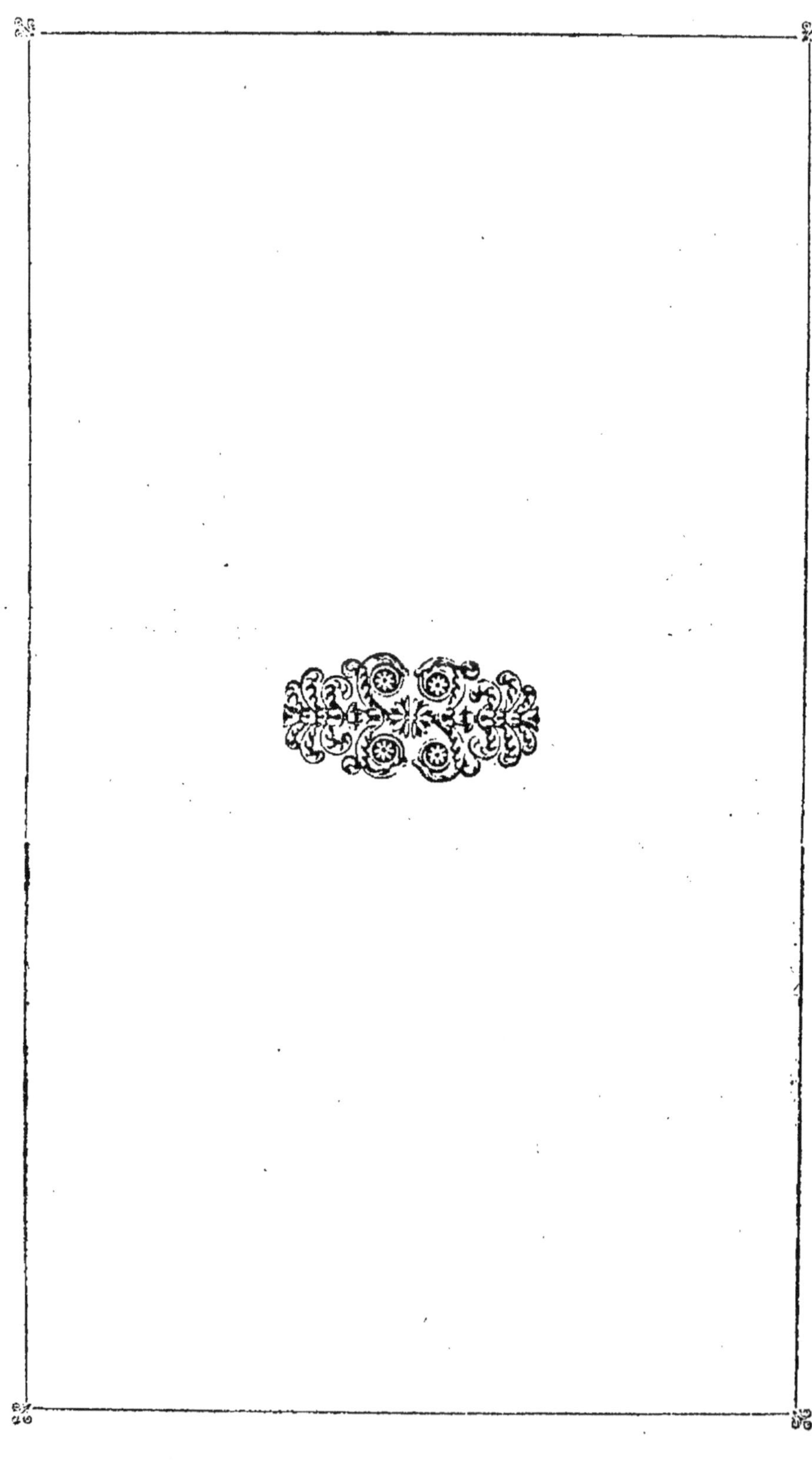

www.ingramcontent.com/pod-product-compliance
Lightning Source LLC
LaVergne TN
LVHW020256230826
846091LV00006B/2447

* 9 7 8 2 0 1 2 9 4 2 4 8 6 *